Dieses Buch ist für :   هذا الكتاب يخص:

kurze Einführung in die arabische Sprache

Ihr einzigartiger karakter, ihr großartiger Stil und ihre reichhaltige Terminologie verleihen der arabischen Sprache eine besondere Bedeutung. Arabisch ist das wichtigste Mitglied der semitischen Sprachfamilie, zu der gehören auch Sprachen wie Hebräisch und Aramäisch. Wie die meisten anderen semitischen Sprachen wird Arabisch von rechts nach links geschrieben. Wenn Sie Arabisch lernen, können Sie den Koran in seiner ursprünglichen Form lesen, wie Allah es offenbart hat. Einfach ausgedrückt ist eine Übersetzung des Korans nicht der Koran.

Unten sind die 28 arabischen Buchstaben zusätzlich zu Hamza aufgeführt ((ء) ist ein Buchstabe des arabischen Alphabets, der den Stimmritzen stopp / ʔ / darstellt, aber nicht als Buchstabe gezählt wird). Beachten Sie, dass es unter jedem Buchstaben zwei Möglichkeiten gibt, sie auszusprechen. Beachten Sie auch, dass alle Buchstaben in ihrer isolierten Form vorliegen. Auf den folgenden Seiten erfahren Sie, wie Sie sie schreiben und wie Sie sie zu Wörtern verbinden können

ر	ذ	د	خ	ح	ج	ث	ت	ب	ا
راء	ذال	دال	خاء	حاء	جيم	ثاء	تاء	باء	ألف
rā'	ḏāl	dāl	ḫā'	ḥā'	ǧīm	ṯā'	tā'	bā'	'alif
r	ḏ	d	ḫ	ḥ	ǧ	ṯ	t	b	'(a)
[r~ɾ]	[ð]	[d]	[x~χ]	[ħ]	[ʤ]	[θ]	[t]	[b]	[ʔ]

ف	غ	ع	ظ	ط	ض	ص	ش	س	ز
فاء	غين	عين	ظاء	طاء	ضاد	صاد	شين	سين	زاي
fā'	ġayn	'ayn	ẓā'	ṭā'	ḍād	ṣād	šīn	sīn	zāy
f	ġ	ʿ	ẓ	ṭ	ḍ	ṣ	š	s	z
[f]	[ɣ~ʁ]	[ʕ]	[ðˤ]	[tˤ]	[dˤ]	[sˤ]	[ʃ]	[s]	[z]

ء	ي	و	ه	ن	م	ل	ك	ق
همزة	ياء	واو	هاء	نون	ميم	لام	كاف	قاف
hamza	yā'	wāw	hā'	nūn	mīm	lām	kāf	qāf
	y	w	h	n	m	l	k	q
	[j]	[w]	[h]	[n]	[m]	[l~ɫ]	[k]	[q]

Dieses Bild hilft Ihnen dabei, den Artikulationsort der arabischen Buchstaben im Vokaltrakt zu identifizieren

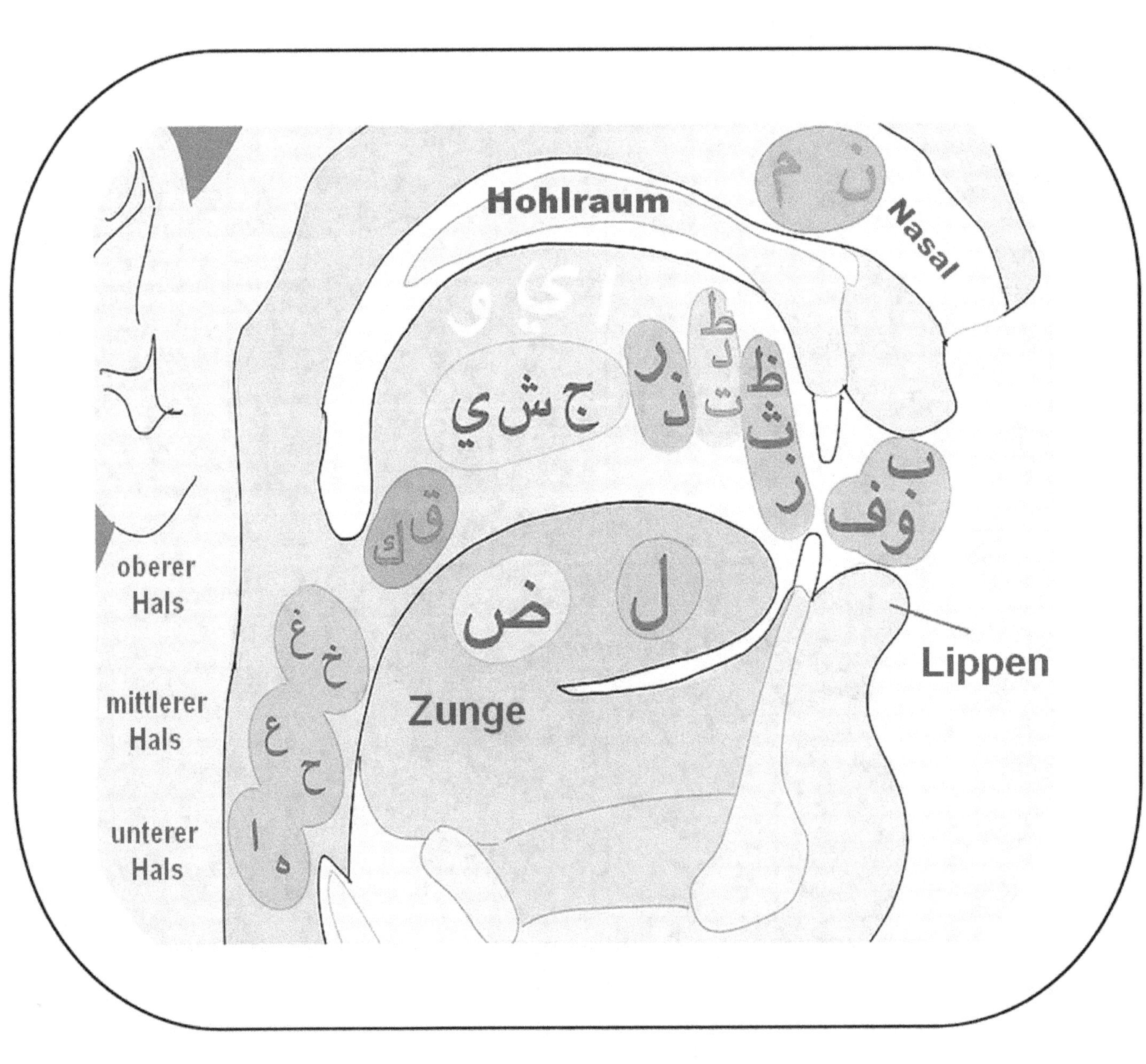

Die Zusammenfassung des Schriften

Alle Buchstaben sind in einer Reihenfolge, in der sie ausgesprochen werden.

Die Buchstaben, deren Anfangs- und Mittelform nicht angezeigt werden, sind keine Konnektoren. Mit anderen Worten, sie verbinden sich nicht mit ihrer Linken. Für diese Buchstaben entspricht die Anfangsform der isolierten oder unabhängigen Form, während die Mittelform der Endform entspricht.

Name	Transkription	IPA	End	Mitte	Anfang	Buchstabe
'alif	aa	ɛ:, ɑ:	ـا	ـا	ا	ا
baa'	b	b	ـب	ـبـ	بـ	ب
taa'	t	t	ـت	ـتـ	تـ	ت
thaa'	th	θ	ـث	ـثـ	ثـ	ث
jiim/giim	j/g	ʤ/g	ـج	ـجـ	جـ	ج
ḥaa'	ḥ	ħ	ـح	ـحـ	حـ	ح
khaa'	kh	x	ـخ	ـخـ	خـ	خ
daal	d	d	ـد			د
dhaal	dh	ð	ـذ			ذ
raa'	r	r	ـر			ر
zaay	z	z	ـز			ز
siin	s	s	ـس	ـسـ	سـ	س
shiin	sh	ʃ	ـش	ـشـ	شـ	ش
ṣaad	ṣ	sˤ	ـص	ـصـ	صـ	ص
ḍaad	ḍ	dˤ	ـض	ـضـ	ضـ	ض
ṭaa'	ṭ	tˤ	ـط	ـطـ	طـ	ط
ḍhaa'	ḍh	ðˤ	ـظ	ـظـ	ظـ	ظ
ʕayn	ʕ	ʕ	ـع	ـعـ	عـ	ع
ghayn	gh	ɣ	ـغ	ـغـ	غـ	غ
faa'	f	f	ـف	ـفـ	فـ	ف
qaaf	q	q	ـق	ـقـ	قـ	ق
kaaf	k	k	ـك	ـكـ	كـ	ك
laam	l	l	ـل	ـلـ	لـ	ل
miim	m	m	ـم	ـمـ	مـ	م
nuun	n	n	ـن	ـنـ	نـ	ن
haa'	h	h	ـه	ـهـ	هـ	ه
waaw	w, uu	w, u:	ـو			و
yaa'	y, ii	y, i:	ـي	ـيـ	يـ	ي

Lassen Sie uns üben: Folgen Sie den Punkten, um Ihre Finger zu trainieren

ارنب /**arnab**/ = **Der Hase**

Dieser Buchstabe wird wie am Anfang des
Wortes " **A**pfel " ausgesprochen.

Lassen Sie uns jetzt die verschiedenen Buchstabenpositionen üben

Allein	Finale	Mitte	Anfang

باب /Baab/ = Die Tür 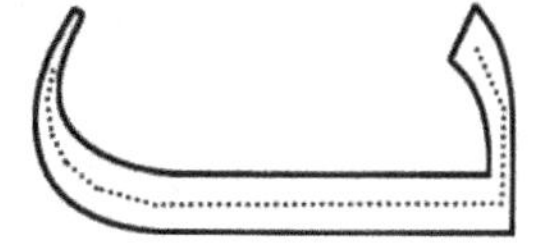 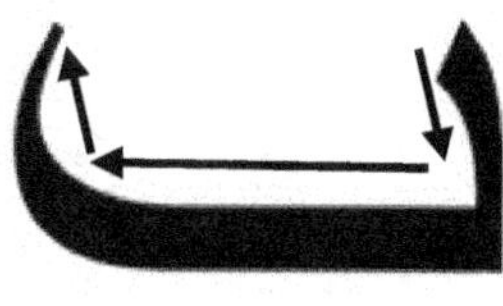

Dieser Buchstabe wird wie am Anfang des
Wortes " **B**ild " ausgesprochen.

Lassen Sie uns jetzt die verschiedenen Buchstabenpositionen üben

Allein	Finale	Mitte	Anfang
ب	ب	ـبـ	بـ

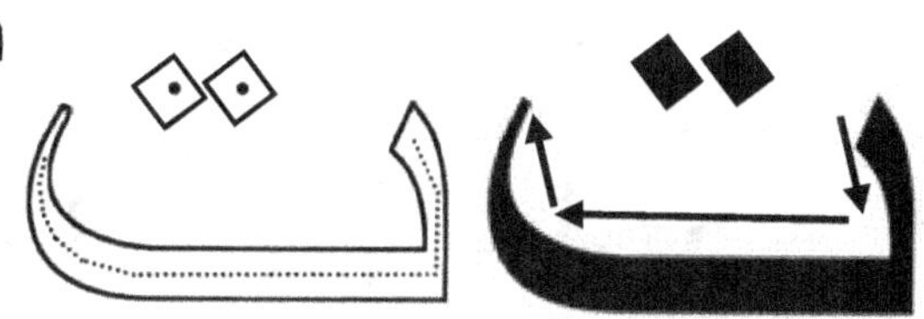

توت /toot/= Die Beeren

Dieser Buchstabe wird wie am Anfang des
Wortes "**Tee**" ausgesprochen.

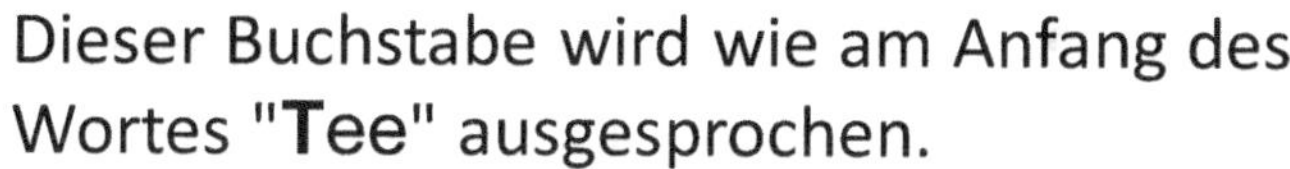

Lassen Sie uns jetzt die verschiedenen Buchstabenpositionen üben

Allein	Finale	Mitte	Anfang
تْ	ـتْ	ـتْـ	تْـ

Der Buchstabe
tha’a = ث

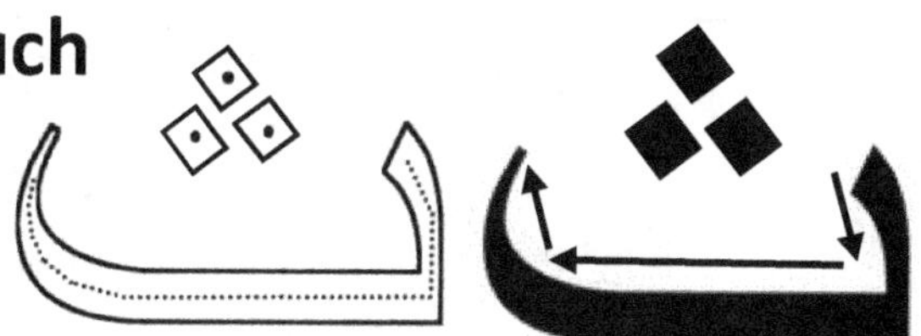

ثوم /thawm/= Der Knoblauch

Dieser Buchstabe wird wie am Anfang des Wortes "**Th**ink" ausgesprochen (englisch)

ث ث ث ث ث ث

Lassen Sie uns jetzt die verschiedenen Buchstabenpositionen üben

Allein	Finale	Mitte	Anfang
ثـ	ـثـ	ـثـ	ثـ

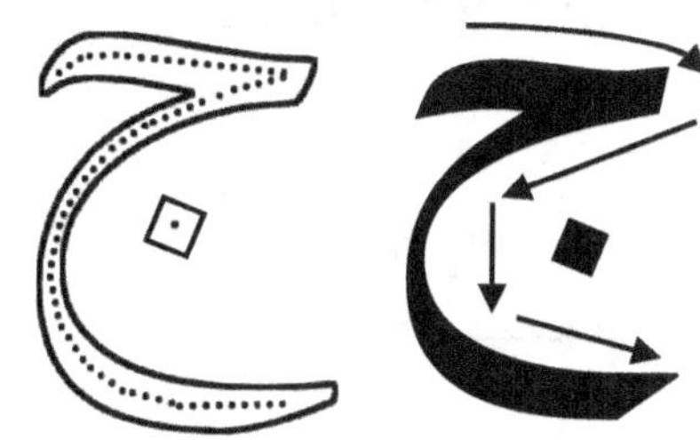

<u>Der Buchstabe</u>

jiim = ج

/jamal/ = Das Kamel جمل

Dieser Buchstabe wird wie am Anfang des
Wortes " **Jeans**" ausgesprochen.

١٠

Lassen Sie uns jetzt die verschiedenen Buchstabenpositionen üben

Allein	Finale	Mitte	Anfang
ﺝ	ﺞ	ﺠ	ﺟ

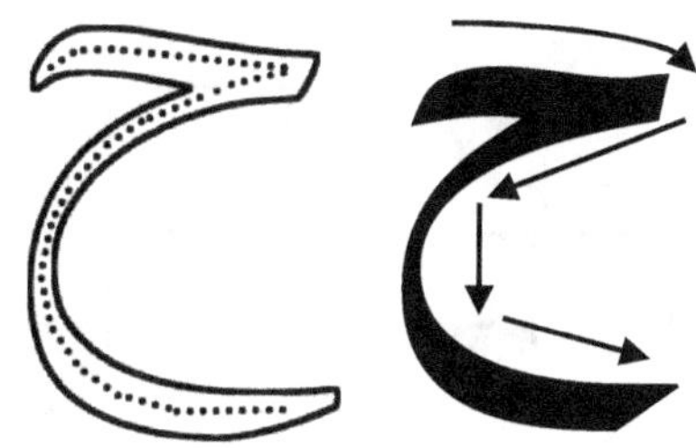

حصان /hissan/= Das Pferd

Dieser Buchstabe wird wie am Anfang des Wortes "**h**abibi" ausgesprochen.

Lassen Sie uns jetzt die verschiedenen Buchstabenpositionen üben

Allein	Finale	Mitte	Anfang
ح	ح	ـحـ	حـ

Der Buchstabe
kha'a = خ

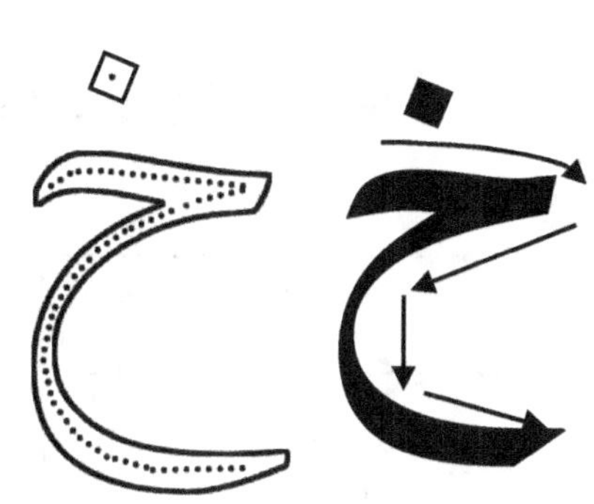

خروف /kharoof/= Das Schaf

Dieser Buchstabe wird wie am Anfang des
Wortes "Na**ch**t, Ku**ch**en " ausgesprochen.

Lassen Sie uns jetzt die verschiedenen Buchstabenpositionen üben

Allein	Finale	Mitte	Anfang
خ	ـخ	ـخـ	خـ
خ	ـخ	ـخـ	خـ
خ	ـخ	ـخـ	خـ
خ	ـخ	ـخـ	خـ

Der Buchstabe
dal = د

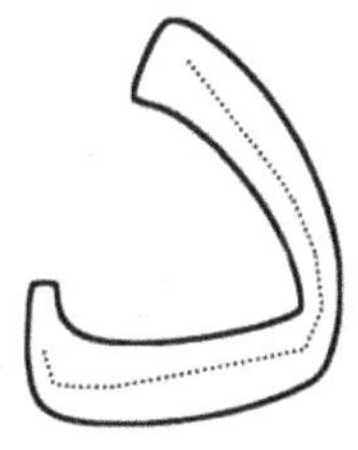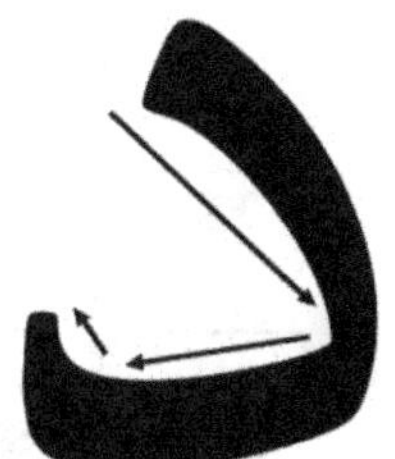

دجاجة /dajaja/= Das Huhn

Dieser Buchstabe wird wie am Anfang des
Wortes "**D**ienstag" ausgesprochen.

Lassen Sie uns jetzt die verschiedenen Buchstabenpositionen üben

Allein	Finale	Mitte	Anfang
د	ـد		د

<u>Der</u> Buchstabe
tha'l   =   ذ

 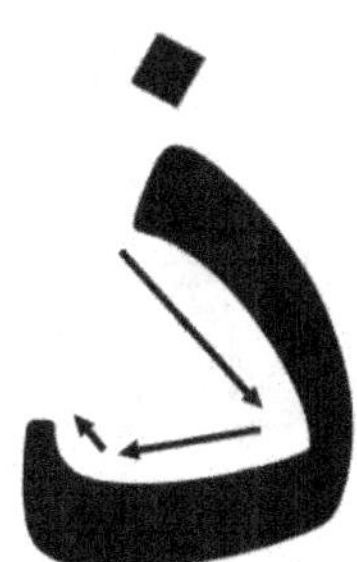

ذهب /thahab/ = Das Gold

Dieser Buchstabe wird wie am Anfang des
Wortes "**The** book" (englisch) ausgesprochen.

Lassen Sie uns jetzt die verschiedenen Buchstabenpositionen üben

Allein	Finale	Mitte	Anfang
ذ	ذ		ذ

رمان /romaan/ = Der Granatapfel

Dieser Buchstabe wird wie am Anfang des Wortes
"**R**obinson" (englische version) ausgesprochen.

Lassen Sie uns jetzt die verschiedenen Buchstabenpositionen üben

Allein	Finale	Mitte	Anfang
ﺭ	ﺮ		ﺭ

Der Buchstabe ◦

za = **ز**

 **زيت** /zayt/= **Das Olivenöl**

Dieser Buchstabe wird wie am Anfang des
Wortes "**S**onne" ausgesprochen.

Lassen Sie uns jetzt die verschiedenen Buchstabenpositionen üben

Allein	Finale	Mitte	Anfang
ز	ـز		ز

Diese Übung enthält nur die obigen Buchstaben.

Versuchen Sie jetzt die Buchstaben zu verbinden um Wörter zu bilden. Achten Sie auf Buchstabenformen. *(Es ist wichtig, auf die vorherigen Seiten zu gehen, um die Buchstaben und ihre Schreibweise zu überprüfen).*

Das Beispiel : (Die karrote) ج +ز+ر= جزر

Fliegen (Insekt)   ....= ذ+ا+ب+ب

Gold   ....= ذ+ه+ب

Vater   ....= ا + ب

Liebe   ....= ح + ب

Tür   ....= ب+ا+ب

Stabilität   ....= ث+ب+ا+ت

(Die Lösung für diese Übung finden Sie am Ende des Buches)

Versuchen Sie nun, Wörter zu trennen, um separate Buchstaben zu bilden. Achten Sie auf die Formen der Buchstaben. *(Es ist wichtig, Buchstaben und Schreibweisen auf den vorherigen Seiten nachzuschlagen).*

Das Beispiel: (Die karrote) جزر = ج +ز+ر

Buch ....+ ....+ .....+ ..... = كتاب

Augenbrauen ....+ ....+ .....+ ..... = حاجب

Stein ....+ ......+ ..... = حجر

Brot ....+ ......+ ..... = خبز

Barriere ....+ ....+ ......+ ..... = حاجز

Händler ....+ ....+ .....+ ..... = تاجر

(Die Lösung für diese Übung finden Sie am Ende des Buches)

Der Buchstabe

siin = س

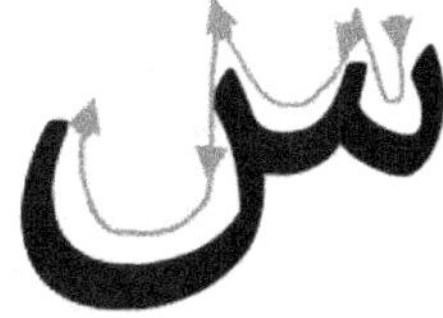

/samaka/= **Der Fisch** سمكة

Dieser Buchstabe wird wie am Anfang des
Wortes "Kürbi**s** " ausgesprochen.

Lassen Sie uns jetzt die verschiedenen Buchstabenpositionen üben

Allein	Finale	Mitte	Anfang
س	ـس	ـسـ	سـ

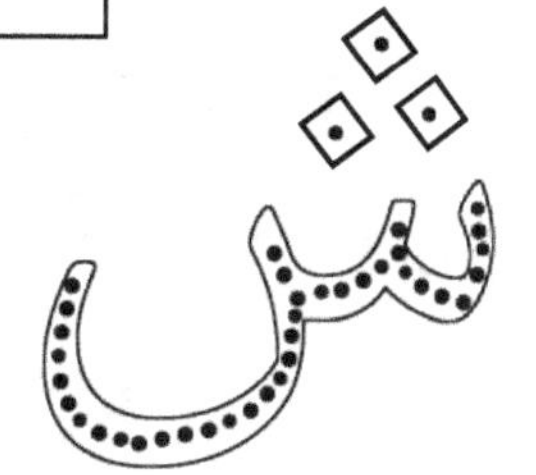

شاي /shaay/= Der Tee

Dieser Buchstabe wird wie am Anfang des Wortes "**Sch**reiben" ausgesprochen.

Lassen Sie uns jetzt die verschiedenen Buchstabenpositionen üben

Allein	Finale	Mitte	Anfang
ش	ش	ـشـ	شـ
ش	ـش	ـشـ	شـ
ش	ـش	ـشـ	شـ
ش	ـش	ـشـ	شـ

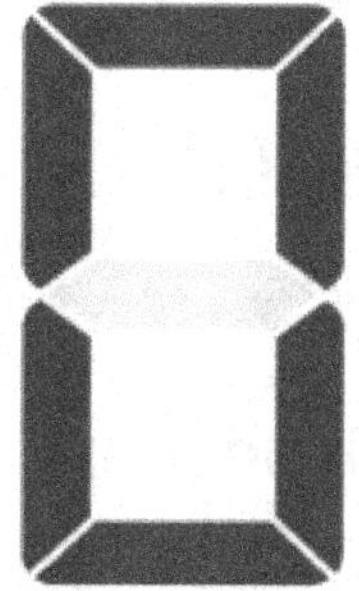

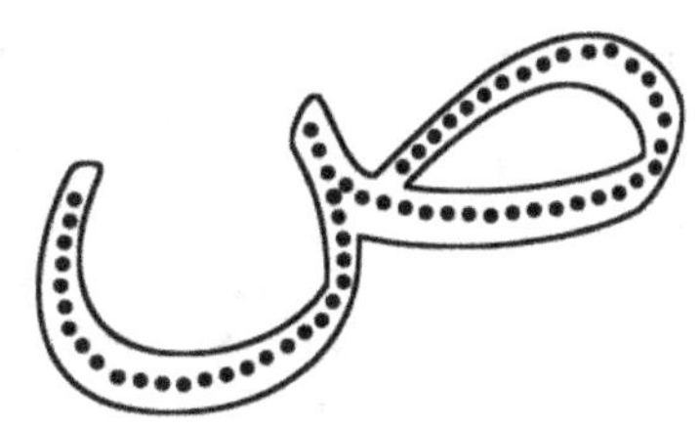

صفر /Sifr/= Die Null

Dieser Buchstabe wird wie am Anfang des
Wortes « Groß" ausgesprochen.

ص

Lassen Sie uns jetzt die verschiedenen Buchstabenpositionen üben

Allein	Finale	Mitte	Anfang
ص	ـص	ـصـ	صـ

Der Buchstabe
Dhad = ض

ضوء /Dhawae/ = Das Licht

Dieser Buchstabe wird wie am Anfang des
Wortes "**D**anke" ausgesprochen.

Lassen Sie uns jetzt die verschiedenen Buchstabenpositionen üben

Allein	Finale	Mitte	Anfang
ض	ـض	ـضـ	ضـ

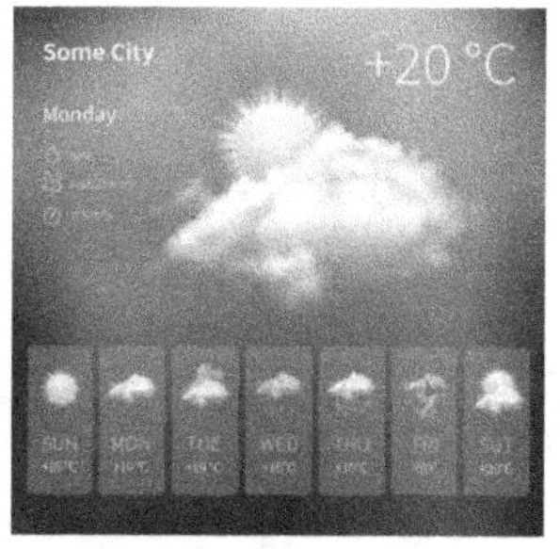

Der Buchstabe
Ta'a = **ط**

طقس =/Taqs/= **Das Wetter**

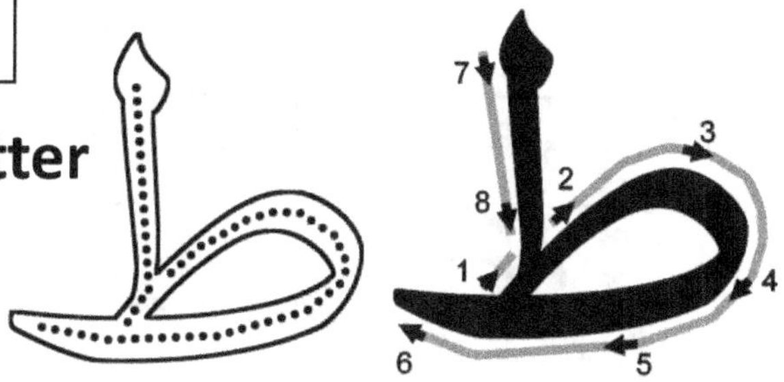

Dieser Buchstabe wird wie am Anfang des
Wortes "Taxi" ausgesprochen.

Lassen Sie uns jetzt die verschiedenen Buchstabenpositionen üben

Allein	Finale	Mitte	Anfang
ط	ط	ط	ط

Der Buchstabe

Za'a = ظ

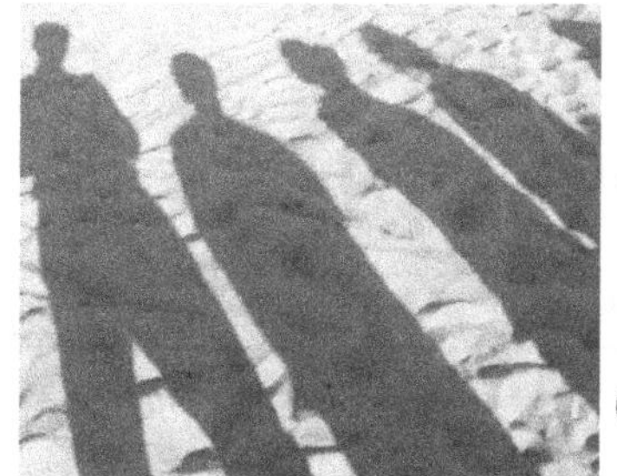

ظل /Sil/ = Der Schatten

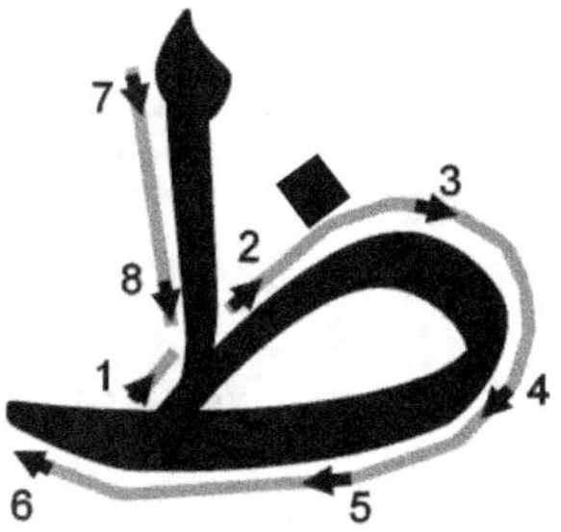

Dieser Buchstabe wird wie am Anfang des Wortes "**Th**at" (englisch) ausgesprochen.

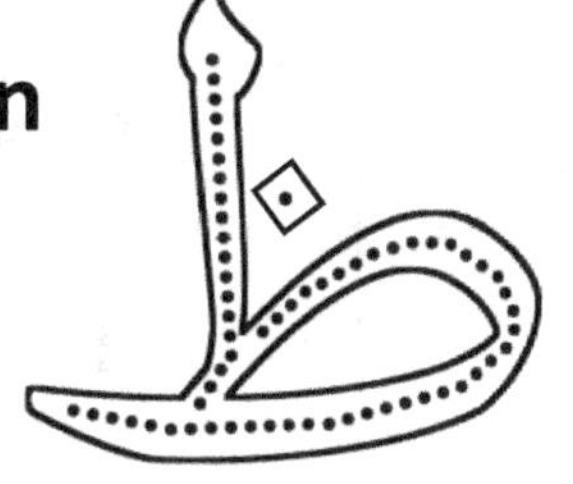

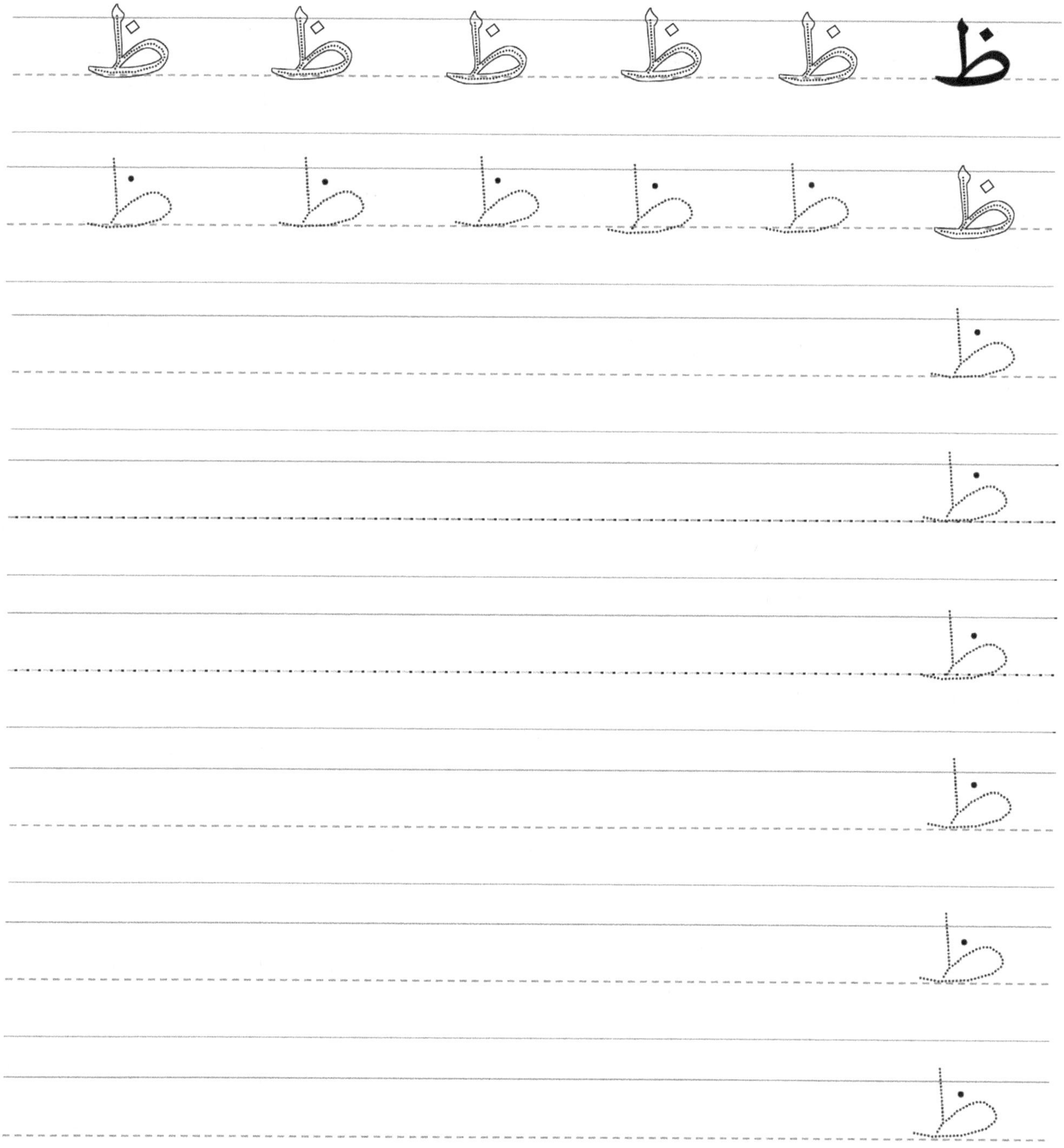

Lassen Sie uns jetzt die verschiedenen Buchstabenpositionen üben

Allein	Finale	Mitte	Anfang
ظ	ظ	ظ	ظ

Der Buchstabe
ain = ع

عنب /ainab/= **Die Trauben**

Dieser Buchstabe wird wie am Anfang des Wortes
"**a**lykom"'(Assalam, arabisch) ausgesprochen.

Lassen Sie uns jetzt die verschiedenen Buchstabenpositionen üben

Allein	Finale	Mitte	Anfang
ع	ﻊ	ﻌ	ﻋ

غراب /ghorab/= Der Rabe

Dieser Buchstabe wird wie am Anfang des
Wortes "**R**ind" ausgesprochen

٤٠

Lassen Sie uns jetzt die verschiedenen Buchstabenpositionen üben

Allein	Finale	Mitte	Anfang
غ	ـغ	ـغـ	غـ

Der Buchstabe
fa'a   = ف

فيل /fiil/= Der Elefant

Dieser Buchstabe wird wie am Anfang des
Wortes "Fenster" ausgesprochen

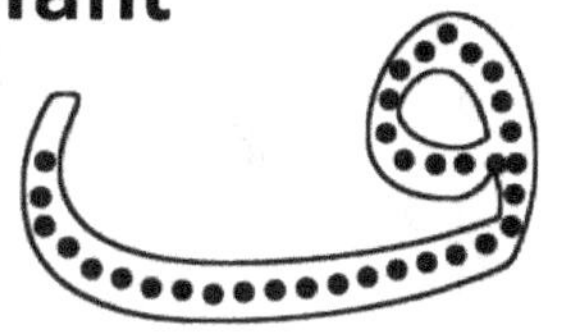

Allein	Finale	Mitte	Anfang
ف	ـف	ـفـ	فـ
ڧ	ڧ	ڧ	ڧ
ڧ	ڧ	ڧ	ڧ
ڧ	ڧ	ڧ	ڧ

قفازات /qofazat/ =Die Handschuhe

Dieser Buchstabe wird wie am Anfang des
Wortes "**q**ahwa" (arabisch) ausgesprochen

Lassen Sie uns jetzt die verschiedenen Buchstabenpositionen üben

Allein	Finale	Mitte	Anfang
ق	ـق	ـقـ	قـ

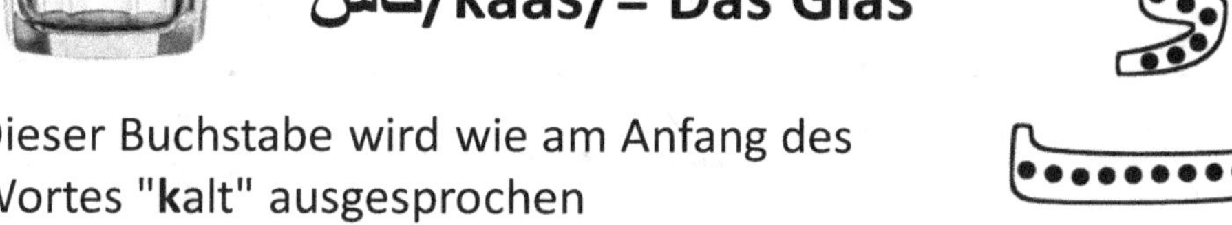

كأس/kaas/= Das Glas

Dieser Buchstabe wird wie am Anfang des Wortes "**k**alt" ausgesprochen

Lassen Sie uns jetzt die verschiedenen Buchstabenpositionen üben

Allein	Finale	Mitte	Anfang
ك	ـك	ـكـ	كـ

<table><tr><td>

Übungs 3

</td><td>

تطبيق 3
</td></tr></table>

ا ب ت ث ج ح خ د ذ ر ز س ش
ص ض ط ظ ع غ ف ق ك

Diese Übung enthält nur die obigen Buchstaben.

Versuchen Sie jetzt die Buchstaben zu verbinden um Wörter zu bilden. Achten Sie auf Buchstabenformen. *(Es ist wichtig, auf die vorherigen Seiten zu gehen, um die Buchstaben und ihre Schreibweise zu überprüfen).*

Das Beispiel : (Die Karrote) ج +ز+ر=جزر

Offizier ....= ظ+ا+ب+ط

Affe ....= د+ر+ق

Null ....=ر+ف+ص

Gras ....= ب+ش+ع

Armut ....=ر+ق+ف

(Die Problemumgehung befindet sich am Ende des Buches.)

Versuchen Sie nun, die Buchstaben zu trennen, um isolierte Buchstaben zu erstellen. *(Es ist ratsam, die Alphabetpositionen jedes Mal zu überprüfen)*

Das Beispiel : (Die karrote) جزر = ج + ز + ر

Der Rabe ....+ ....+ ......+ ..... = غراب

Gereist ....+ ....+ ......+ ..... = سافر

Der Hund ....+ ......+ ..... = كلب

Vogelnest ......+ ..... = عش

Der Hyäne ....+ ......+ ..... = ضبع

(Die Problemumgehung befindet sich am Ende des Buches.)

Der Buchstabe

laam   =   ل

ليمون /laymoon/= Die Zitrone

Dieser Buchstabe wird wie am Anfang des
Wortes " Lamm " ausgesprochen

Lassen Sie uns jetzt die verschiedenen Buchstabenpositionen üben

Allein	Finale	Mitte	Anfang

ماجيستير /majistir/ = Master

Dieser Buchstabe wird wie am Anfang des
Wortes "**M**ann" ausgesprochen

Lassen Sie uns jetzt die verschiedenen Buchstabenpositionen üben

Allein	Finale	Mitte	Anfang

/nadil/ = Der Kellner   نادل

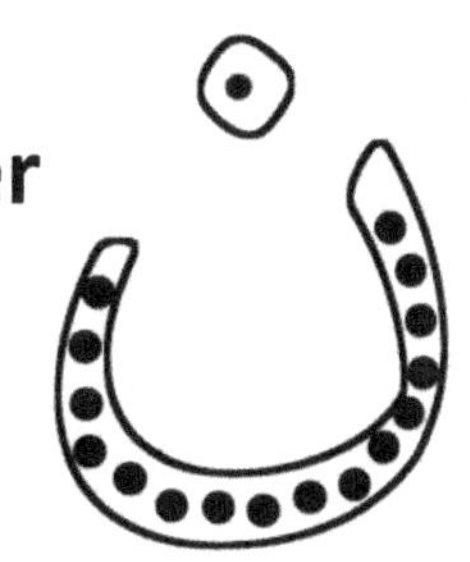

Dieser Buchstabe wird wie am Anfang des
Wortes "**N**acht" ausgesprochen

Lassen Sie uns jetzt die verschiedenen Buchstabenpositionen üben

Allein	Finale	Mitte	Anfang
ن	ـن	ـنـ	نـ

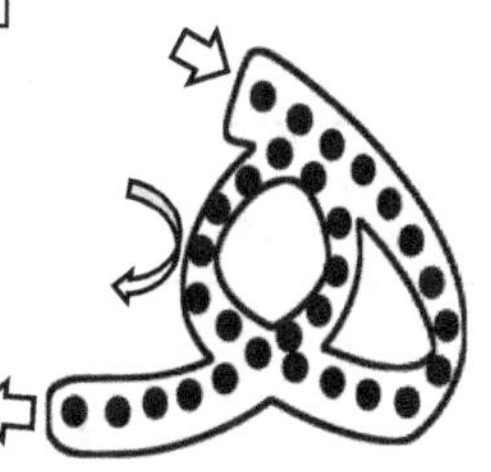

هاتف /Hatef/ = Das Handy

Dieser Buchstabe wird wie am Anfang des Wortes "**H**amster" ausgesprochen

Lassen Sie uns jetzt die verschiedenen Buchstabenpositionen üben

Allein	Finale	Mitte	Anfang

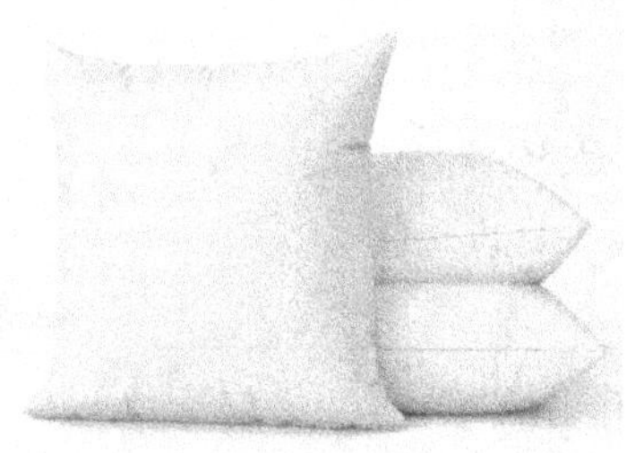

Der Buchstabe
waw = و

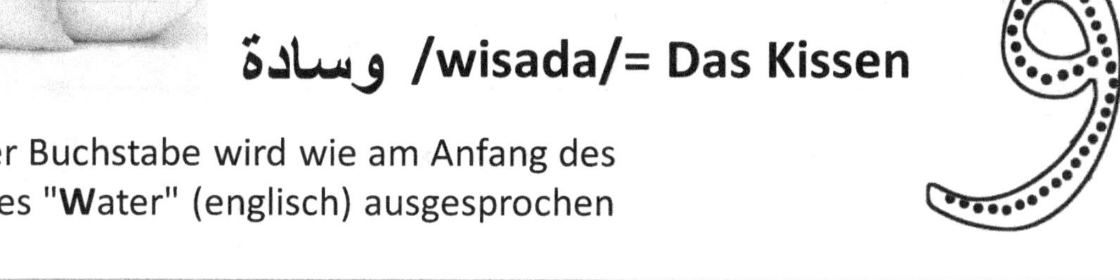

وسادة /wisada/= Das Kissen

Dieser Buchstabe wird wie am Anfang des
Wortes "**W**ater" (englisch) ausgesprochen

Lassen Sie uns jetzt die verschiedenen Buchstabenpositionen üben

Allein	Finale	Mitte	Anfang
و	ـو	ـو	و
و	ـو	ـو	و
و	ـو	ـو	و
و	ـو	ـو	و

Der Buchstabe
ya'a = ي

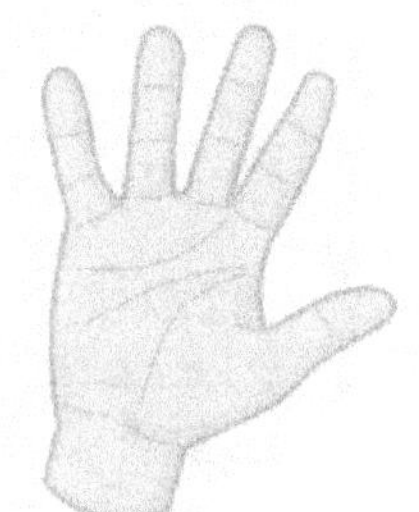

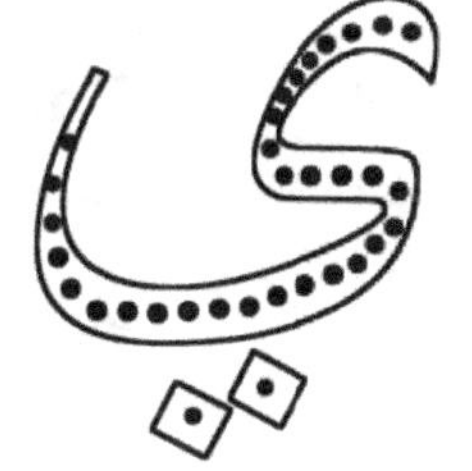

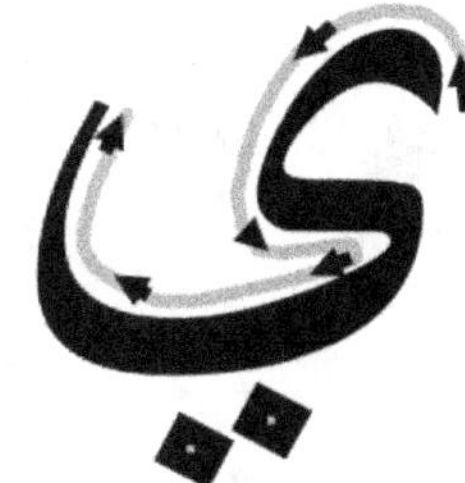

يد /yad/ = Die Hand

Dieser Buchstabe wird wie am Anfang des Wortes « Jung" ausgesprochen

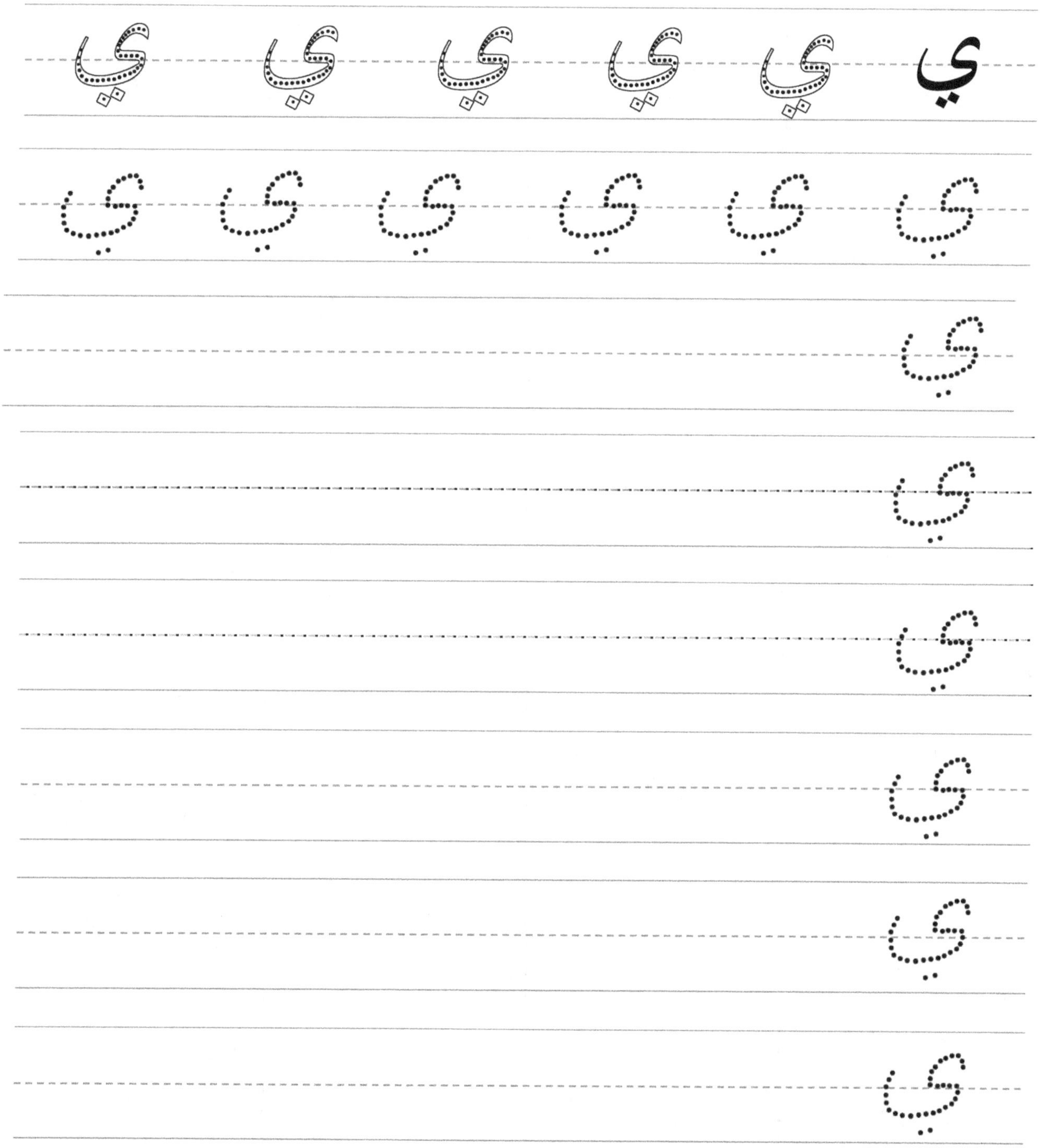

Lassen Sie uns jetzt die verschiedenen Buchstabenpositionen üben

Allein	Finale	Mitte	Anfang
ي	ي	ـيـ	يـ
ي	ـي	ـيـ	يـ
ي	ـي	ـيـ	يـ
ي	ـي	ـيـ	يـ

Diese Übung enthält nur die obigen Buchstaben.

Versuchen Sie jetzt die Buchstaben zu verbinden um Wörter zu bilden. Achten Sie auf Buchstabenformen. *(Es ist wichtig, auf die vorherigen Seiten zu gehen, um die Buchstaben und ihre Schreibweise zu überprüfen).*

Das Beispiel : *(Die karrote)* ج + ز + ر = جزر

Die Handschuhe

ق + ف + ا + ز + ا + ت = ...

Der Granadapfel   ر + م + ا + ن = ...

Die Hand   ي + د = ...

Der Wiedehopf   ه + د + ه + د = ...

Die Fledermaus   و + ط + ا + و + ط = ...

(Die Lösung für diese Übung finden Sie am Ende des Buches)

تطبيق 6   Übung 6

Versuchen Sie nun, Wörter zu trennen, um separate Buchstaben zu bilden. Achten Sie auf die Formen der Buchstaben. *(Es ist wichtig, Buchstaben und Schreibweisen auf den vorherigen Seiten nachzuschlagen).*

Das Beispiel: (Die karrote) جزر = ج +ز+ ر

Das Kleid   ......+ ......+ ......+ .....+ ..... = هندام

Das Pferd   ......+ ......+ .....+ ..... = حصان

Der Schreibtisch ......+ ......+ .....+ ..... = مكتب

Die Höhle   .....+ ......+ ..... = كهف

Das Pinguin ......+ ......+ ......+ .....+ ..... = بطريق

(Die Lösung für diese Übung finden Sie am Ende des Buches)

Lösung حل

Hier finden Sie alle Antworten auf alle Übungen

<table>
<tr><td align="center">2</td><td align="center">1</td></tr>
<tr><td align="right" dir="rtl">كتاب= ك+ت+ا+ب</td><td align="right" dir="rtl">ذ+ب+ا+ب= ذباب</td></tr>
<tr><td align="right" dir="rtl">حاجب =ح+ا+ج+ب</td><td align="right" dir="rtl">ذ+ه+ب= ذهب</td></tr>
<tr><td align="right" dir="rtl">حجر =ح+ج+ر</td><td align="right" dir="rtl">ا + ب = ا ب</td></tr>
<tr><td align="right" dir="rtl">خبز= خ+ب+ز</td><td align="right" dir="rtl">ح + ب = حب</td></tr>
<tr><td align="right" dir="rtl">حاجز =ح+ا+ج+ز</td><td align="right" dir="rtl">ب+ا+ب= باب</td></tr>
<tr><td align="right" dir="rtl">تاجر =ت+ا+ج+ر</td><td align="right" dir="rtl">ث+ب+ا+ت= ثبات</td></tr>
</table>

3

ظ+ا+ب+ط=ظابط

ق+ر+د =قرد

ص+ف+ر=صفر

ع+ش+ب =عشب

ف+ق+ر=فقر

4

غراب= غ+ر+ا+ب

سافر =س+اف+ر

كلب = ك+ل+ب

عش=ع+ش

ضبع =ض+ب+ع

5

ر+م+ا+ن=رمان

يـ+د=يد

ق+ف+ا+ز+ا+ت=قفازات

ه+د+ه+د=هدهد

و+ط+و+ا+ط=وطواط

6

هندام=ه+ن+د+ا+م

كهف=ك+ه+ف

حصان=ح+ص+ا+ن

مكتب=م+ك+ت+ب

بطريق=ب+ط+ر+ي+ق

Glückwunsch!

مبروك!

Herzliche Glückwünsche! Sie haben diese erste Stufe geschafft. Es war nicht einfach und wir hoffen, dass Sie jetzt arabische 28 Buchstaben schreiben, verbinden und lesen können.

Vielen Dank für Ihr Engagement!

Ihr Feedback ist uns sehr wichtig, um uns zu verbessern und auch weiterhin mehr solche Bücher zu produzieren.

لقد نجحتم في هذه الرحلة. لم يكن الأمر سهلاً ، ونأمل أن تكونو قد أصبحتم واثقِّين الآن في معرفة كيفية كتابة و ربط وقراءة الأحرف العربية 28 .

شكرا لالتزامكم !

ملاحظاتكم مهمة جدًا بالنسبة لنا لعمل المزيد من الكتب

Alef
Ba
Ta